Ayla gewidmet

# Dies ist ein Buch über KAKADUS!

# Einer der schönsten Vögel, die ich je gesehen habe!

# KAKADU sind heimisch in Australien,

# Neuguinea, die Phillipinen,

# Indonesien und die Pazifischen Inseln einschließlich Samoa .

(Samoanische Flagge)

# Eine Gruppe von KAKADU Snennt man einen Schwarm.

# Ein junger KAKADU wird Küken genannt.

# SPRINGEN SPRINGEN SPRINGEN,,,

# UND KRÄCHZEN WIE EIN KAKADU!

# Kakadus können sehr neugierig sein...

# Aber nicht so neugierig wie eine Katze!

# Ein junger Kakadu kann ziemlich laut krächzen...

# Erwachsene Kakadus krächzen sogar noch lauter!

# Vielleicht musst du dir sogar die Ohren zuhalten!

# Und jetzt ist es an der Zeit,...

# Springen Springen Springen und SQUAWK wie ein Kakadu!

# Wusstest du, dass Kakadus Zitronen und Bananen essen?,

# Sie mögen auch Erdbeeren und Äpfel...

# Aber vergiss nicht, das Kerngehäuse zu entfernen weil es für sie schädlich ist.

# Kakadus mögen auch Samen und Nüsse.

# Kakadus gehören zur Familie der Papageien.

# Kakadus sind glücklicher, wenn sie bei dir sind...

# Also mach dich bereit, sie zu feiern, denn es ist Zeit,...

# SPRINGEN

# SPRINGEN

# SPRINGEN

# UND KRÄCHZEN WIE EIN KAKADU!

# WIR

# KAKADUS!

Springen serie auf Deutsch:

Springen wie ein Karibu!
Springen und sag Buh!
Springen in den Zoo!
Springen UND BRÜLLE FÜR DIE DINOSAURIER!
Springen wie ein Karibu!
Springen wie ein Känguru!
Springen Sie ein und sagen Sie frohe Weihnachten!
SPRINGEN UND DIR ALLES GUTE ZUM GEBURTSTAG
WÜNSCHEN!

Jump-Serie auf Englisch:

Springen hoch und sag P.U. !
Springen auf und sag, es ist Valentinstag
Auch für Kinder!
Springen und suche nach einem Hinweis!
Springen Sie auf alles, was blau ist!
Springen, springen und sag frohe Ostern!
Springen Sie hoch und sagen Sie "Cock-A-Doodle-Do".
Springen und singe Da-Do-Do-Do!
Springen hoch und frag wer? WER?
Springen hoch und frage: Bist du es oder das Schaf?
Springen auf und sag, dass in meinem Eintopf ein
Iwww ist!
Springen Sie ein und freuen Sie sich, frohes neues Jahr!
Springen auf und sag, dass in einem Tutu ein Mu-Muh
ist!

Springen hoch und sag, da ist ein Hase in meinen Haaren!
Springen auf und sag, meine Tante hat eine Ameise gegessen!
Springen auf und sag, dass es im Vergnügungspark einen Erdferkel gibt!

APPLAUS-REIHE: APPLAUS FÜR 1!
Applaus für 2!
Applaus für 3!
Applaus für 4!
Applaus für 5!
Applaus für 6!
Applaus für 7!
Applaus für 8!
Applaus für 9!
Applaus für 10!

Weitere Bücher für Kinder :
Die Katze, die guten Tag sagte
Die drei Felsen
Billy Shakespeare
Billie Shakespeare
Lerne, mit Symmetrie zu zeichnen

Sachbuch
103 Fundraising-Ideen für Eltern, die ehrenamtlich bei Schulen und Teams mitarbeiten